Η ΑΡΧΗ PARETO ΓΙΑ ΤΗ ΔΙΑΧΕΙΡΙΣΗ ΤΩΝ ΕΠΙΧΕΙΡΗΣΕΩΝ

ΒΑΣΙΚΕΣ ΠΛΗΡΟΦΟΡΙΕΣ

- **Ονόματα**: αρχή Παρέτο, κανόνας του Παρέτο, νόμος του Παρέτο, κανόνας 80/20, νόμος των λίγων ζωτικών.

- **Χρήσεις:**

  - Οικονομικά: διαχείριση επιχειρήσεων (διαχείριση ποιότητας, διαχείριση πελατών, διαχείριση παραγωγής, έλεγχος αποθεμάτων, ανθρώπινοι πόροι κ.λπ.), δημιουργία στρατηγικών εμπορίας και μάρκετινγκ κ.λπ.

  - Φυσική, κοινωνιολογία και στατιστική.

  - Ιδιωτική σφαίρα: διαχείριση χρόνου, οργάνωση εργασιών κ.λπ.

- **Γιατί είναι επιτυχημένη;** Σύμφωνα με την αρχή Pareto, "το 80% των αποτελεσμάτων είναι προϊόν του 20% των αιτιών". Η αναλογία αυτή σας επιτρέπει να εντοπίζετε γρήγορα το ουσιαστικό μέρος οποιασδήποτε δραστηριότητας. Το μοντέλο συναντάται σε πολλούς τομείς της καθημερινής ζωής και στον επιχειρηματικό κόσμο: για παράδειγμα, όταν μια επιχείρηση θέλει να εντοπίσει τους πελάτες που παράγουν τα περισσότερα έσοδα. Εάν ληφθεί υπόψη η αναλογία 80/20, η επιχείρηση μπορεί να επικεντρωθεί στο 20% των πελατών που παράγουν το 80% του κύκλου εργασιών της, ώστε να προσπαθήσει να τους διατηρήσει.

Η ΑΡΧΗ PARETO ΓΙΑ ΤΗ ΔΙΑΧΕΙΡΙΣΗ ΤΩΝ ΕΠΙΧΕΙΡΗΣΕΩΝ

Επεκτείνετε την επιχείρησή σας με τον κανόνα 80/20

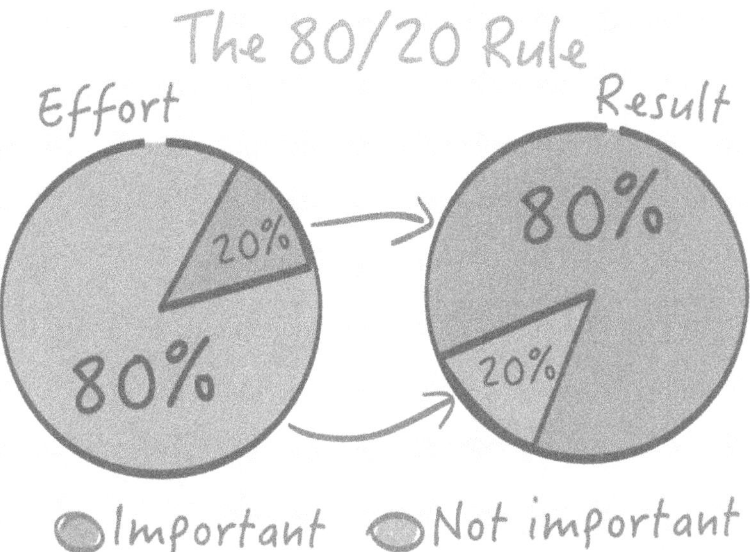

Η ΑΡΧΗ PARETO ΓΙΑ ΤΗ ΔΙΑΧΕΙΡΙΣΗ ΤΩΝ ΕΠΙΧΕΙΡΗΣΕΩΝ

Επεκτείνετε την επιχείρησή σας με τον κανόνα 80/20

γραμμένο από Antoine Delers
μεταφρασμένο από Lina Sideris

- **Λέξεις-κλειδιά:** Pareto, αρχή Pareto, κανόνας 80/20, ανάλυση ABC, κύκλος εργασιών, Joseph Juran, διαχείριση χρόνου, πελατειακές σχέσεις, μάρκετινγκ σχέσεων, CRM, διάγραμμα Pareto, θεωρία Long Tail, αποτελεσματικότητα Pareto.

ΕΙΣΑΓΩΓΗ

Ιστορία

Η αρχή Παρέτο είναι ένα εργαλείο ανάλυσης και λήψης αποφάσεων που δημιουργήθηκε από τον Vilfredo Pareto (1848-1923) στα τέλη του 19ου αιώνα (το 1897, για την ακρίβεια). Ο Ιταλός οικονομολόγος και κοινωνιολόγος, ο οποίος σπούδασε στο Πολυτεχνείο του Τορίνο στην Ιταλία, θεωρείται ο θεμελιωτής αυτού που σήμερα είναι γνωστό ως αρχή Παρέτο. Μελετώντας τον πλούτο της χώρας του διαπίστωσε ότι μόνο το 20% των ανθρώπων κατείχε το 80% του συνολικού πλούτου. Στη συνέχεια εφάρμοσε αυτόν τον νόμο σε άλλα κράτη όπως η Ρωσία, η Γαλλία και η Ελβετία και βρήκε τα ίδια αποτελέσματα.

Ωστόσο, μόλις τη δεκαετία του 1940 ο Joseph Juran (1904-2008), ένας Αμερικανός μηχανικός που ασχολήθηκε με τη διαχείριση της ποιότητας, αναγνώρισε τη θεωρία 80/20 και την απέδωσε στον Vilfredo Pareto.

Ορισμός του μοντέλου

Η αρχή Παρέτο προέρχεται από την παρατήρηση ότι το 20% των αιτιών είναι υπεύθυνο για το 80% των αποτελεσμάτων. Με άλλα λόγια, στον κόσμο των επιχειρήσεων, το 20% των πελατών είναι υπεύθυνο για το 80% του κύκλου εργασιών. Εντοπίζοντας αυτό το 20% (τους πιο σημαντικούς πελάτες) οι επιχειρήσεις μπορούν να τους δώσουν μεγαλύτερη προσοχή για να εξοικονομήσουν χρόνο και χρήμα. Σύμφωνα με τον Joseph Juran, η αρχή Pareto μπορεί να εφαρμοστεί καθολικά στον επιχειρηματικό τομέα και μπορεί να βρεθεί σε όλους τους τομείς της κοινωνίας. Μπορείτε ακόμη να χρησιμοποιήσετε την αρχή στους περισσότερους τομείς της καθημερινής ζωής. Ωστόσο, θα δούμε ότι, τόσο στις επιχειρήσεις όσο και σε άλλους τομείς, η αναλογία 80/20 δεν τηρείται πάντα, αλλά δίνει μια ιδέα της πραγματικότητας.

ΘΕΩΡΙΑ

Τη δεκαετία του 1940, ο Joseph Juran παρατήρησε ότι μια μειοψηφία σφαλμάτων προκαλούσε την πλειονότητα των προβλημάτων στη γραμμή παραγωγής. Αναγνωρίζοντας γρήγορα την αναλογία 80/20 (το 80% των προβλημάτων προκαλείται από το 20% των σφαλμάτων), απέδωσε τη θεωρία αυτή στον Vilfredo Pareto στις αρχές του $^{20ού\ αιώνα}$. Ο Joseph Juran, κατά τη διάρκεια της έρευνάς του για τη διαχείριση της ποιότητας, έδειξε ότι οι αιτίες μπορούν να διαχωριστούν σε δύο ομάδες: εκείνες που είναι ζωτικής σημασίας (στην περίπτωση αυτή, το 20% των σφαλμάτων) και εκείνες που είναι δευτερεύουσες και αντιπροσωπεύουν το υπόλοιπο 80%. Απομονώνοντας τα πιο προβληματικά σφάλματα (αυτά που προκαλούν το 80% των προβλημάτων) ο Joseph Juran μπορούσε να εστιάσει περαιτέρω σε αυτά και να μειώσει σημαντικά τα προβλήματα στη γραμμή παραγωγής.

 **ΚΑΛΟ ΕΙΝΑΙ ΝΑ ΓΝΩΡΙΖΕΤΕ**

Η αρχή του Joseph Juran ονομαζόταν αρχικά "οι λίγοι ζωτικοί και οι πολλοί ασήμαντοι". Παρά τη σημαντική συμβολή του οικονομολόγου, η έννοια αποκαλείται γενικά "αρχή Παρέτο", πιθανώς επειδή ακούγεται καλύτερα από την ονομασία που έδωσε ο Joseph Juran.

ΕΦΑΡΜΟΓΕΣ ΣΤΙΣ ΕΠΙΧΕΙΡΗΣΕΙΣ

Σήμερα, η αρχή Παρέτο έχει πολλές εφαρμογές στις επιχειρήσεις και σε τομείς της προσωπικής διαχείρισης και της αναζήτησης της αποτελεσματικότητας. Οι εφαρμογές στις επιχειρήσεις χρησιμοποιούνται κυρίως για τη διαχείριση των πελατών και των ανθρώπινων πόρων. Για παράδειγμα, το 20% των εργαζομένων παράγει το 80% της εργασίας. Χρησιμοποιείται όμως και στις επιχειρηματικές στρατηγικές, γνωρίζοντας ότι το 20% των προϊόντων παράγει το 80% των κερδών. Σε αυτό το βιβλίο θα συζητήσουμε σε βάθος την εφαρμογή αυτής της αρχής στον εταιρικό τομέα. Τα παρακάτω σημεία παρουσιάζουν τις πολλές διαφορετικές χρήσεις με σαφή και συνοπτικό τρόπο, ώστε να σας βοηθήσουν να κατανοήσετε την αρχή Παρέτο.

Η αρχή Pareto ως εργαλείο στο μάρκετινγκ σχέσεων

Όπως έχουμε ήδη αναφέρει, μια από τις σημαντικότερες εφαρμογές της αρχής Παρέτο είναι η διαχείριση των πελατών μιας εταιρείας. Πολλές μελέτες δείχνουν ότι το 20% των πελατών είναι υπεύθυνο για το 80% των πωλήσεων. Αυτοί οι πελάτες είναι οι πιο σημαντικοί για την εταιρεία. Επομένως, είναι προτιμότερο να τους καταστήσουμε πιστούς πελάτες, ώστε να εξασφαλίσουμε τη μέγιστη δυνατή διατήρηση, ιδίως μέσω του μάρκετινγκ σχέσεων.

Το μάρκετινγκ σχέσεων είναι ένα εργαλείο που σας επιτρέπει να δημιουργήσετε και να διατηρήσετε μια σχέση μεταξύ μιας μάρκας και των πελατών της, χορηγώντας δώρα ή εκπτώσεις, ή μέσω προσκλήσεων ή συμβουλών. Στόχος είναι η ανάπτυξη μιας μακροχρόνιας σχέσης με τους πελάτες, καθώς το κόστος διατήρησης είναι χαμηλότερο σε σύγκριση με το κόστος προσέλκυσης νέων πελατών.

Μια άλλη εφαρμογή της αρχής Παρέτο είναι η διαχείριση των πελατειακών σχέσεων: το 20% των πελατών είναι η πηγή του 80% των παραπόνων. Εάν το 20% των πελατών που χρησιμοποιήθηκε στο παραπάνω παράδειγμα είναι το ίδιο με αυτό το 20%, η εταιρεία δεν θα έχει καμία δυσκολία να ικανοποιήσει τις απαιτήσεις τους, αφού ήδη εστιάζει στη διατήρησή τους. Δυστυχώς, αυτό δεν συμβαίνει σχεδόν ποτέ: το 20% των σημαντικών πελατών σπάνια είναι το ίδιο με το 20% που ευθύνεται για το 80% των παραπόνων. Σε αυτή την περίπτωση, είναι πιο δύσκολο για την εταιρεία να προσδιορίσει με σαφήνεια κάθε κατηγορία πελατών και να τους αναθέσει το μεγαλύτερο μέρος της προσοχής. Η εταιρεία πρέπει στη συνέχεια να αποφασίσει για την προτεραιότητά της και να επιλέξει μεταξύ των εσόδων και της διαχείρισης των παραπόνων (δημιουργία ικανοποίησης των πελατών).

Η αρχή Pareto ως εργαλείο ελέγχου ποιότητας

Μια δεύτερη εφαρμογή, που χρησιμοποιήθηκε από τον Joseph Juran, είναι αυτή του ελέγχου και της διαχείρισης της ποιότητας σε μία γραμμή παραγωγής. Εάν το 20% των σφαλμάτων προκαλεί το 80% των προβλημάτων, η εταιρεία μπορεί να επικεντρώσει τις προσπάθειές της στην αντιμετώπιση των εν λόγω σφαλμάτων προκειμένου να βελτιώσει την ποιότητα. Άλλες παρόμοιες εφαρμογές είναι επίσης έγκυρες:

- Το 20% του χρόνου εγκατάστασης του μηχανήματος μπορεί να λύσει το 80% των προβλημάτων,

- Το 20% της γραμμής παραγωγής είναι υπεύθυνο για το 80% του τελικού προϊόντος.

Άλλες χρήσεις της αρχής Pareto

- Προσωπικό εργαλείο διαχείρισης: το 20% της εργασίας παράγει το 80% των αποτελεσμάτων.

- Εργαλείο διαχείρισης κινδύνων: το 20% των κινδύνων προκαλεί το 80% των συνεπειών.

- Εργαλείο διαχείρισης logistics: το 20% των προϊόντων δημιουργεί το 80% του κόστους αποθήκευσης.

- Εργαλείο διαχείρισης αποθεμάτων: το 20% του συνολικού αριθμού των προϊόντων αντιπροσωπεύει το 80% της συνολικής αξίας του αποθέματος.

- Εργαλείο διαχείρισης πωλήσεων: το 20% των προϊόντων παράγει το 80% των κερδών κ.λπ.

ΤΙ ΓΙΝΕΤΑΙ ΑΝ Ο ΚΑΝΟΝΑΣ ΧΡΗΣΙΜΟΠΟΙΕΙΤΑΙ ΤΑΚΤΙΚΑ;

Τι θα γινόταν αν η αρχή Παρέτο χρησιμοποιούνταν πάντα στις επιχειρήσεις σήμερα; Θα έπρεπε να πλησιάσουμε όσο το δυνατόν περισσότερο την αναλογία 80/20 για να επιβιώσουμε;

Πάρτε το παράδειγμα που ήδη μελετήθηκε: μια εταιρεία, αφού μελετήσει την πελατειακή της βάση, διαπιστώνει ότι μόνο το 10% των πελατών της είναι υπεύθυνο για το 90% του κύκλου εργασιών της. Η κατάσταση αυτή είναι αρκετά ανησυχητική, καθώς το κεφάλαιο των βασικών πελατών της είναι χαμηλό. Εάν η εταιρεία έχανε μερικούς μόνο από αυτούς, τα έσοδά της θα μειώνονταν δραστικά. Στην περίπτωση αυτή, η απομάκρυνση από τον κανόνα 80/20 θα μπορούσε να αποβεί μοιραία για την εταιρεία. Υπάρχουν δύο πιθανές λύσεις:

- Είτε η εταιρεία αποφασίζει να φροντίσει τους μεγάλους πελάτες της για να τους διατηρήσει, αλλά αυτή η απλοϊκή λύση δεν λύνει τα προβλήματά της, διότι το μέλλον της εξαρτάται πλήρως από αυτούς τους πελάτες,

- Ή, παράλληλα με την πρώτη επιλογή, η εταιρεία επιλέγει να διατηρήσει τους άλλους πελάτες για να βρει μια καλύτερη ισορροπία. Σε αυτό το σημείο, είναι ενδιαφέρον να σκεφτεί κανείς πώς θα διατηρήσει τους πελάτες προκειμένου να επιστρέψει σε μια μέση αναλογία που θα είναι πιο ασφαλής.

Το δεύτερο παράδειγμα δείχνει ότι η απομάκρυνση από τον κανόνα δεν είναι απαραίτητα επιβλαβής για την εταιρεία. Φανταστείτε την ίδια εταιρεία η οποία, μετά τη μελέτη των πελατών της, διαπιστώνει ότι δεν έχει κύριους πελάτες και ότι το 30% των σημαντικότερων αγοραστών της παράγει το 70% του κύκλου εργασιών της. Παρόλο που βρίσκεται κοντά στον κανόνα 80/20 (αλλά εξακολουθεί να μην επιτυγχάνει ισορροπία Pareto), η εταιρεία αντιμετωπίζει λιγότερα προβλήματα από ό,τι στο προηγούμενο σενάριο. Βέβαια, η δραστηριότητα είναι πιθανώς διασκορπισμένη, αλλά η απώλεια ορισμένων πελατών δεν θα επηρέαζε την κατάσταση τόσο πολύ όσο θα συνέβαινε με την αναλογία 90/10 και δεν αποτελεί λόγο ανησυχίας. Ωστόσο, θα μπορούσε να είναι προβληματικό όσον αφορά το κόστος ανά πελάτη, εάν ο αριθμός των πελατών είναι μεγαλύτερος: το κόστος διαχείρισης και επικοινωνίας με τους πελάτες είναι στην πραγματικότητα υψηλότερο. Στην περίπτωση αυτή, η αποκατάσταση της ισορροπίας 80/20 θα οδηγούσε σε μελλοντική επιτυχία.

Η προσαρμογή της αρχής Παρέτο για την επίτευξη της αναλογίας 80/20 δεν αποτελεί αυτοσκοπό. Όλα εξαρτώνται από τη δραστηριότητα της επιχείρησης και τον τομέα της. Μια εταιρεία σούπερ μάρκετ είναι πιθανό να έχει πολλούς μικρούς πελάτες, όπως είναι φυσιολογικό για τον κλάδο, ενώ μια εταιρεία κατασκευής αεροσκαφών έχει λιγότερους πελάτες, αλλά αυτοί είναι αναπόφευκτα μεγαλύτεροι. Επομένως, ο τομέας επηρεάζει την αναλογία που χρησιμοποιείται στην αρχή Pareto και δεν πρέπει να είναι πάντα 80/20.

 ## ΚΑΛΟ ΕΙΝΑΙ ΝΑ ΓΝΩΡΙΖΕΤΕ

Υπάρχουν διάφοροι τύποι επιχειρηματικής επικοινωνίας με τους πελάτες. Το πρώτο είναι το μαζικό μάρκετινγκ για όλους τους καταναλωτές, που θεωρούνται "μέσοι καταναλωτές". Ο δεύτερος είναι το μάρκετινγκ "ένας προς έναν" που απευθύνεται σε κάθε πελάτη ξεχωριστά, προσφέροντας εξατομικευμένα προϊόντα. Αυτή η μέθοδος προσέγγισης των πελατών είναι σίγουρα πιο ενδιαφέρουσα, αλλά είναι και η πιο δαπανηρή. Τέλος, υπάρχουν και άλλοι τύποι ενδιάμεσης επικοινωνίας, όπως το διαφοροποιημένο μάρκετινγκ, το οποίο απευθύνεται σε ένα μεγάλο μέρος της αγοράς, ή το συγκεντρωτικό μάρκετινγκ, το οποίο επικεντρώνεται μόνο σε μια μικρή εξειδικευμένη αγορά.

ΠΛΕΟΝΕΚΤΗΜΑΤΑ ΤΗΣ ΑΡΧΗΣ PARETO

Υπάρχουν αμέτρητα οφέλη από τη χρήση της αρχής Παρέτο. Τα περισσότερα από αυτά έχουν ήδη αναφερθεί σε προηγούμενα κεφάλαια. Μια εταιρεία που γνωρίζει την αναλογία Pareto για κάθε τμήμα της μπορεί να βελτιώσει την αποτελεσματικότητά της, ιδίως κάνοντας τα εξής:

- Καλύτερη διαχείριση των κινδύνων της. Γνωρίζοντας τους σημαντικότερους κινδύνους και εκείνους που είναι εύκολο να διορθωθούν, μια εταιρεία μπορεί να επικεντρωθεί στην κύρια δραστηριότητά της.

- Γνωρίζοντας καλύτερα τους πελάτες της. Μια εταιρεία μπορεί να καθορίσει τη στρατηγική επικοινωνίας της και να στοχεύσει στους πιο σημαντικούς καταναλωτές. Είναι σημαντικό να γνωρίζει τα χαρακτηριστικά του 20% των μεγαλύτερων πελατών, όπως τον τόπο καταγωγής τους, τον κλάδο τους (στην περίπτωση των επαγγελματιών) ή την ηλικία και το φύλο τους (στην περίπτωση των ιδιωτών). Με τον τρόπο αυτό, μπορεί να δημιουργήσει νέες προοπτικές που ταιριάζουν με τα χαρακτηριστικά. Οι καταναλωτές-στόχοι είναι παρόμοιοι με τους καλύτερους πελάτες- η εταιρεία έχει περισσότερες πιθανότητες να τους μεταφέρει από το στάδιο του υποψήφιου καταναλωτή στο στάδιο του καταναλωτή.

- Περιορισμός του κόστους. Σε μια γραμμή παραγωγής, η γνώση των σημείων που καταναλώνουν την περισσότερη ενέργεια αλλά έχουν τη χαμηλότερη απόδοση μπορεί να επιτρέψει στην εταιρεία να προσαρμόσει, να αφαιρέσει ή να τροποποιήσει τα πιο ακριβά στοιχεία.

- Περιορισμός της απώλειας χρόνου. Γνωρίζοντας ποιες δραστηριότητες είναι οι πιο παραγωγικές, ο διευθυντής μπορεί να επικεντρωθεί σε αυτές για να βελτιώσει την απόδοσή τους.

ΠΕΡΙΟΡΙΣΜΟΙ ΚΑΙ ΕΠΕΚΤΑΣΕΙΣ

ΠΕΡΙΟΡΙΣΜΟΙ ΚΑΙ ΚΡΙΤΙΚΕΣ

Η αρχή Παρέτο, παρά τον καθολικό της χαρακτήρα, δεν ισχύει πάντα για κάθε τομέα και κάθε τμήμα. Είδαμε ήδη ένα παράδειγμα περιορισμού με τα σούπερ μάρκετ, έναν τομέα όπου είναι απίθανο το 20% των πελατών να αντιπροσωπεύει το 80% των πωλήσεων. Το μοντέλο πρέπει να προσαρμόζεται στον τομέα και στο τμήμα της συγκεκριμένης επιχείρησης. Μπορούμε να επισημάνουμε δύο επικρίσεις: πρώτον, η αναλογία 80/20 δεν τηρείται πάντα στην πραγματικότητα. Δεύτερον, η εστίαση στο 20% δεν είναι πάντα η καλύτερη λύση.

Ένα ανακριβές μοντέλο

Η πρώτη κριτική της αρχής επισημαίνει ότι δεν είναι επιστημονικά ακριβής. Η επίτευξη μιας αναλογίας 80/20 για κάθε τμήμα μιας εταιρείας είναι στην πραγματικότητα αδύνατη. Ωστόσο, η αρχική ιδέα του μοντέλου δεν διαψεύδεται. Στη θεωρία του Joseph Juran, τα αποτελέσματα πρέπει να διαχωρίζονται σε δύο ομάδες. Η πρώτη ομάδα περιλαμβάνει τις επιδράσεις που είναι χαμηλές σε αριθμό, αλλά έχουν σημαντικές συνέπειες. Η δεύτερη ομάδα περιλαμβάνει τις επιδράσεις που είναι πολυάριθμες, αλλά έχουν περιορισμένες συνέπειες. Εάν αυτές οι ομάδες δεν αντιστοιχούν ακριβώς στο 20% και στο 80%, μπορούν να χρησιμοποιηθούν αναλογίες 10/90 ή 5/95, οι οποίες μάλιστα αποτελούν τον κανόνα σε ορισμένες περιπτώσεις.

Ένα αποτελεσματικό μοντέλο

Η δεύτερη κριτική αφορά τη σχετική αποτελεσματικότητα της αρχής Παρέτο. Εάν το 80% των προϊόντων της εταιρείας δεν πωλείται πολύ συχνά, μπορεί να εξακολουθεί να αντιπροσωπεύει ένα σημαντικό περιθώριο πωλήσεων (π.χ. 20%). Εάν το κόστος αποθήκευσης αυτών των προϊόντων είναι χαμηλό, η εταιρεία μπορεί να αντέξει οικονομικά να συνεχίσει να τα πουλάει, ακόμη και αν προσελκύουν λιγότερους πελάτες. Θα δούμε στο επόμενο σημείο ότι η αρχή Pareto συνδέεται με μια άλλη σημαντική αρχή που ονομάζεται θεωρία της μακράς ουράς.

ΣΧΕΤΙΚΑ ΜΟΝΤΕΛΑ ΚΑΙ ΕΠΕΚΤΑΣΕΙΣ

Το μοντέλο ABC

Το μοντέλο ABC αποτελεί βελτίωση της αρχής Pareto. Το νέο μοντέλο υποστηρίζει ότι, με την αρχή του Pareto, οι ενδιάμεσες κατηγορίες αγνοούνται και είναι δύσκολο να κριθεί η σημασία τους. Με την ταξινόμηση των επιπτώσεων σε τρεις κατηγορίες (Α, Β και Γ), μια επιχείρηση δεν παραμελεί τις επιπτώσεις που είναι λιγότερο σημαντικές από το κορυφαίο 20% και αναγνωρίζει τη σημασία τους από άποψη συνεπειών. Οι τρεις κατηγορίες μπορούν να χωριστούν ως εξής:

- Κατηγορία Α: 20% των πελατών που αντιπροσωπεύουν το 80% των πωλήσεων,

- Κατηγορία Β: 30% των πελατών που αντιπροσωπεύουν το 15% των πωλήσεων,

- Κατηγορία Γ: 50% των πελατών που αντιπροσωπεύουν το 5% των πωλήσεων.

Η κατηγορία Β είναι επικίνδυνη, καθώς η επένδυση χρόνου και χρημάτων εκεί μπορεί να έχει ή να μην έχει αξία. Δεδομένου ότι οι παράγοντες αυτοί παραμελήθηκαν από τον Pareto, το μοντέλο ABC είναι πιο ακριβές και λαμβάνει υπόψη του τις ενδιάμεσες κατηγορίες.

Η θεωρία της μακράς ουράς

Η θεωρία της μακράς ουράς σχετίζεται με την αρχή του Παρέτο και τη συμπληρώνει. Το μοντέλο αυτό κατανέμει τα έσοδα μιας επιχείρησης σε όλα τα προϊόντα της, συμπεριλαμβανομένων των συγκεκριμένων αγαθών, τα οποία αντιπροσωπεύουν σημαντικό μέρος του κύκλου εργασιών και χαρακτηρίζονται από:

- χαμηλές πωλήσεις συγκεκριμένων προϊόντων

- μεγάλος αριθμός ειδικών προϊόντων (συχνά πάνω από το 80% του συνολικού αριθμού των προϊόντων).

Στην περίπτωση ενός βιβλιοπώλη, για παράδειγμα, τα συγκεκριμένα προϊόντα αφορούν τα δημοσιευμένα έργα που πωλούν μόνο μερικά αντίτυπα ετησίως. Δεδομένου του κόστους και του χώρου που απαιτείται για το απόθεμα, είναι αδύνατο για έναν βιβλιοπώλη να προσφέρει μόνο αυτά τα βιβλία. Πρέπει να επικεντρωθεί σε βιβλία που πουλάνε καλά, όπως τα μπεστ σέλερ, για να επιτύχει μια ισορροπία.

Η σύνδεση με την αρχή Pareto είναι το γεγονός ότι, εδώ, μόνο μια μειοψηφία ειδών αντιπροσωπεύει την πλειοψηφία των πωλήσεων. Μια παραδοσιακή επιχείρηση πρέπει να επικεντρωθεί σε αυτά τα προϊόντα. Ωστόσο, οι ιστότοποι ηλεκτρονικού εμπορίου αποτελούν εξαίρεση.

Όταν ακολουθούμε την αρχή Pareto, δεν πρέπει να εστιάζουμε μόνο στο πιο σημαντικό 20%. Η θεωρία της μακράς ουράς στο ηλεκτρονικό εμπόριο επιτρέπει την εξέταση του υπόλοιπου 80%, δεδομένου ότι το πρόσθετο κόστος είναι ελάχιστο και η απόδοση υψηλή. Η Amazon είναι ένα τέλειο παράδειγμα της θεωρίας της μακράς ουράς. Ως ιστότοπος ηλεκτρονικού εμπορίου, η εταιρεία μπορεί να προσφέρει έναν εντυπωσιακό αριθμό εκδόσεων που προηγουμένως ήταν δύσκολο να βρεθούν στα καταστήματα. Παρόλο που η περίπτωση αυτή επωφελείται από τα δεδομένα που είναι διαθέσιμα στο διαδίκτυο, εξακολουθεί να αποτελεί ένα προφανές παράδειγμα των ορίων της αρχής Παρέτο. Όπως μπορείτε να δείτε, μπορεί να είναι επωφελές για ορισμένες εταιρείες να επικεντρωθούν σε περισσότερα από το 20% των προϊόντων που παράγουν τις περισσότερες πωλήσεις.

ΠΡΑΚΤΙΚΗ ΕΦΑΡΜΟΓΗ

Σε αυτό το κεφάλαιο, θα εφαρμόσουμε όσα έχουμε μάθει μέχρι τώρα. Θα ξεκινήσουμε με τη δημιουργία ενός διαγράμματος Pareto, το οποίο είναι χρήσιμο για τον οπτικό εντοπισμό του σημαντικότερου 20%. Το παράδειγμα αφορά έναν πωλητή και τους πελάτες του και είναι σκόπιμα απλοϊκό για να γίνει εύκολα κατανοητό. Μια πιο ολοκληρωμένη μελέτη περίπτωσης μπορείτε να βρείτε στο τέλος αυτού του κεφαλαίου.

ΜΟΡΦΟΠΟΙΗΣΗ ΕΝΟΣ ΠΙΝΑΚΑ

Το πρώτο βήμα είναι η προετοιμασία ενός πίνακα. Καθώς θέλουμε να βρούμε το σημαντικότερο 20%, είναι σκόπιμο να ταξινομήσουμε τα δεδομένα σε φθίνουσα σειρά για να διακρίνουμε αμέσως τα στοιχεία που μας ενδιαφέρουν.

Στην πρώτη στήλη, γράψτε έναν κατάλογο παραγόντων προς παρατήρηση (για παράδειγμα, έναν κατάλογο πελατών). Στη δεύτερη στήλη, πρέπει να υπάρχουν μεταβλητές που αντιστοιχούν σε αυτό (για παράδειγμα, το ποσό των χρημάτων που ξοδεύουν οι μεμονωμένοι πελάτες).

Στη συνέχεια, πρέπει να υπολογίσουμε το ποσοστό κάθε αντικειμένου (στην προκειμένη περίπτωση, κάθε πελάτη) και το αθροιστικό ποσοστό. Αυτό το ποσοστό θα σχεδιάσει μια γραμμή αθροιστικών ποσοστών στο διάγραμμα Pareto. Προσθέτοντας όλα τα δεδομένα, θα προκύψει το όριο του 80%.

 # ΚΑΛΟ ΕΙΝΑΙ ΝΑ ΓΝΩΡΙΖΕΤΕ

Δεν είναι πάντα εύκολο να εντοπίσουμε αυτούς τους πελάτες, επειδή υπάρχουν τόσα πολλά άτομα στον τομέα του λιανικού εμπορίου. Οι εταιρείες μπορούν ακόμη να αναπτύξουν τρόπους απόκτησης μιας βάσης δεδομένων αξιόπιστων πελατών- η χρήση μιας κάρτας επιβράβευσης είναι ένα χαρακτηριστικό παράδειγμα.

ΔΗΜΙΟΥΡΓΙΑ ΤΟΥ ΓΡΑΦΗΜΑΤΟΣ

Πρέπει τώρα να σχεδιάσουμε το γράφημα (για παράδειγμα, χρησιμοποιώντας το Excel). Το γράφημα συνήθως συνδυάζεται με ένα γραμμικό γράφημα μιας καμπύλης τιμών που αντιπροσωπεύει την τελευταία στήλη του πίνακα. Αυτή η προσέγγιση είναι προαιρετική: είναι δυνατόν να συζητηθούν τα αποτελέσματα απλώς από έναν πίνακα.

ΚΑΛΟ ΕΙΝΑΙ ΝΑ ΓΝΩΡΙΖΕΤΕ

Για να δημιουργήσετε αυτό το γράφημα χρησιμοποιώντας το Excel, συνιστούμε να χρησιμοποιήσετε ένα γράφημα με δύο κατακόρυφους άξονες (έναν κύριο άξονα στα αριστερά και έναν δευτερεύοντα άξονα στα δεξιά) για να παρουσιάσετε τους δύο τύπους δεδομένων που ζητούνται. Εάν αυτός ο τύπος γραφήματος δεν είναι διαθέσιμος, θα πρέπει να:

Σχεδιάστε το ιστόγραμμα με τα ακατέργαστα δεδομένα των πωλήσεων (δεύτερη στήλη) για να τα τοποθετήσετε στον κύριο άξονα στα αριστερά του γραφήματος.

Στη συνέχεια, σχεδιάστε τα ποσοστά συμπεριλαμβάνοντας τα αθροιστικά ποσοστά ως νέα σειρά στο γράφημά σας. Αλλάξτε τον τύπο γραφήματος μόνο για τα δεδομένα αυτά (για παράδειγμα, επιλέγοντας το γράφημα "γραμμή με δείκτες") και τοποθετήστε τα στον δευτερεύοντα άξονα (στα δεξιά).

Διαμορφώστε τη διάταξη και προσθέστε τίτλους στους άξονες και στο γράφημα. Τέλος, αλλάξτε τα χρώματα και προσθέστε ετικέτες δεδομένων στους άξονές σας, όπως η εμφάνιση αθροιστικών ποσοστών στο γράφημά σας.

ΠΡΟΣΔΙΟΡΙΣΜΟΣ ΤΟΥ ΣΗΜΑΝΤΙΚΟΤΕΡΟΥ 20%

Για το τρίτο βήμα, θα ερμηνεύσουμε το γράφημα (ή/και τον πίνακα) για να εντοπίσουμε το σημαντικότερο 20%. Στην περίπτωση των πελατών, μπορούμε εύκολα να προσδιορίσουμε τις συνολικές πωλήσεις που προέρχονται από έναν συγκεκριμένο πελάτη. Το αποτέλεσμα δεν ανταποκρίνεται απαραίτητα στον κανόνα 80/20, αλλά είναι σημαντικό να γνωρίζουμε τους παράγοντες που επηρεάζουν κάθε έναν από τους υπό μελέτη τομείς.

Αρχικές παρατηρήσεις

- Περίπου το 20% των πελατών (Α, Β, Γ και Δ) παράγει το 76% του κύκλου εργασιών (αναλογία κοντά στο 80/20 του Παρέτο).

- Το μεγαλύτερο μέρος της προσοχής του πωλητή θα πρέπει να αφιερωθεί στη διατήρηση αυτών των σημαντικών πελατών.

- Η μέθοδος ABC δεν παραγνωρίζει τους ενδιάμεσους παράγοντες, οι οποίοι, στην προκειμένη περίπτωση, αποτελούν σχεδόν το 20% του κύκλου εργασιών.

ΑΝΑΛΗΨΗ ΔΡΑΣΗΣ

Πορεία δράσης

Το τελικό βήμα περιλαμβάνει τη λήψη μέτρων με βάση τα αποτελέσματα για τη βελτίωση της απόδοσης των εταιρικών στρατηγικών. Μπορούν να εφαρμοστούν διάφορα μέτρα:

- διόρθωση προβλημάτων σε ένα εργοστάσιο,

- επιβράβευση των ιδιαίτερα παραγωγικών εργαζομένων,

- εντοπισμός προοπτικών,

- διατήρηση πελατών, κ.λπ.

Η διατήρηση των πελατών μπορεί να γίνει μέσω διαφήμισης, εξατομικευμένων προωθητικών ενεργειών ή άλλων στρατηγικών διατήρησης. Για παράδειγμα, μια εταιρεία θα μπορούσε να προσκαλέσει τους πελάτες σε μια εμπορική έκθεση.

Για να ολοκληρώσουμε αυτό το παράδειγμα, μπορούμε να φανταστούμε ότι ο πωλητής μας από πόρτα σε πόρτα, ο οποίος εντόπισε τέσσερις πελάτες και εφάρμοσε μια στρατηγική διατήρησης, αποφάσισε να αναζητήσει νέες προοπτικές για να αυξήσει τον κύκλο εργασιών του. Για την επίτευξη αυτού του νέου στόχου, μπορεί να χρησιμοποιήσει ένα συγκεκριμένο εργαλείο που ονομάζεται "τμηματοποίηση RFM".

◉ ΤΜΗΜΑΤΟΠΟΙΗΣΗ RFM: ΣΥΧΝΟΤΗΤΑ, ΣΥΧΝΟΤΗΤΑ ΚΑΙ ΝΟΜΙΣΜΑΤΙΚΗ ΑΞΙΑ

Η τμηματοποίηση RFM είναι ένας τύπος περιγραφικής τμηματοποίησης που βασίζεται στην προηγούμενη συμπεριφορά των αγοραστών και χρησιμοποιείται για την κατανόηση των μελλοντικών προοπτικών. Κατηγοριοποιεί τα προφίλ των πελατών με βάση τρία κριτήρια:

Η ημερομηνία αγοράς. Όσο πιο πρόσφατη είναι, τόσο υψηλότερη είναι η κατάταξή τους.

Η συχνότητα των αγορών. Όσο πιο συχνά αγοράζει ένας πελάτης, τόσο υψηλότερη είναι η κατάταξή του.

Το ποσό των αγορών. Όσο περισσότερα αντικείμενα αγοράζει ο πελάτης, τόσο υψηλότερη είναι η κατάταξή του (αυτό τον τοποθετεί αμέσως στην υψηλότερη κατηγορία).

Συστάσεις

- Δεν υπάρχει λόγος να χρησιμοποιείτε την αρχή Παρέτο αν δεν θέλετε να αναλάβετε δράση.

- Η μέθοδος δεν είναι ακριβής, καθώς ορισμένοι τομείς δεν θα πρέπει απαραίτητα να έχουν αναλογία 80/20.

- Η αρχή Παρέτο δεν μπορεί να χρησιμοποιηθεί σε όλους τους τομείς.

- Η μέθοδος αυτή δεν λαμβάνει υπόψη τις ενδιάμεσες τιμές.

- Όπως είδαμε με τη θεωρία της μακράς ουράς στο ηλεκτρονικό εμπόριο, οι λιγότερο συχνές τιμές μπορεί να είναι επωφελείς σε ορισμένες περιπτώσεις.

ΜΕΛΕΤΗ ΠΕΡΙΠΤΩΣΗΣ – ΜΙΑ ΓΡΑΜΜΗ ΠΑΡΑΓΩΓΗΣ

Εισαγωγή στο πρόβλημα

Η φανταστική μελέτη περίπτωσής μας αφορά μια βιομηχανία και τη γραμμή παραγωγής της. Σε αυτή την εταιρεία, η γραμμή παραγωγής παρουσιάζει επαναλαμβανόμενες διακοπές καθ' όλη τη διάρκεια του έτους. Όλες μαζί αθροίζουν συνολικά 1033 ώρες, δηλαδή λίγο περισσότερο από ένα μήνα αδράνειας. Για να αντισταθμίσει την απώλεια ωρών εργασίας, ο διευθυντής, ο οποίος παρατήρησε ότι η δυναμική δεν ήταν λογική, εντοπίζει περίπου δέκα κοινές αιτίες διακοπής της γραμμής. Στη συνέχεια υπολογίζει ένα μέσο χρόνο στάσης (σε ώρες) και παρέχει μια καταμέτρηση των περιστατικών για κάθε αιτία. Χρησιμοποιώντας την αρχή του Pareto, ελπίζει να εντοπίσει τους κύριους παράγοντες που διαταράσσουν τη γραμμή παραγωγής.

Μορφοποίηση του πίνακα και του γραφήματος

- Η πρώτη στήλη δείχνει τα προβλήματα που εντοπίστηκαν στο εργοστάσιο. Τα δεδομένα σε παρένθεση είναι ο αριθμός των ωρών αδράνειας που προκλήθηκαν από κάθε πρόβλημα.

- Στη δεύτερη στήλη παρατίθεται ο αριθμός των εμφανίσεων. Συνολικά υπάρχουν 230.

- Η τρίτη στήλη παρουσιάζει, κατά φθίνουσα σειρά, τα αποτελέσματα του πολλαπλασιασμού του αριθμού των περιστατικών με τον αριθμό των ωρών που προκαλεί κάθε διακοπή. Έτσι προκύπτει ο συνολικός αριθμός ωρών ακινησίας που προκλήθηκαν από κάθε πρόβλημα. Τα δεδομένα αυτά θα χρησιμοποιηθούν για τη χάραξη των ράβδων στο διάγραμμα Pareto.

- Η τέταρτη στήλη παρουσιάζει λεπτομερώς το ποσοστό του συνόλου των χαμένων ωρών εργασίας και η τελευταία στήλη τα σωρευτικά ποσοστά.

Προσδιορισμός των σημαντικών παραγόντων

Η αρχή Pareto λειτουργεί ιδιαίτερα καλά σε αυτή την περίπτωση, επειδή μια μειοψηφία παραγόντων προκαλεί την πλειοψηφία των προβλημάτων. Συγκεκριμένα, σχεδόν το 30% των παραγόντων προκαλεί το 72% των καθυστερήσεων στη γραμμή παραγωγής. Παρατηρήστε ότι υπάρχουν δύο άλλες αναλογίες κοντά στο 80/20:

- αν ληφθούν υπόψη οι δύο μεγαλύτερες αιτίες (20%), το ποσοστό των καθυστερήσεων ανέρχεται σε 63%,

- όταν λαμβάνονται υπόψη τα τέσσερα μεγαλύτερα προβλήματα (40%), το ποσοστό των καθυστερήσεων ανέρχεται σε 80%.

Ποια είναι λοιπόν η καλύτερη αναλογία; Το ερώτημα αυτό είναι δύσκολο να απαντηθεί. Ωστόσο, είναι σαφές ότι η μεσαία αναλογία του 30% των παραγόντων που προκαλούν το 72% των καθυστερήσεων είναι πιο κοντά στην αρχή Pareto.

Δυστυχώς, αυτό δεν λύνει όλα τα προβλήματα:

- πρώτον, μας μένουν πολλοί προβληματικοί παράγοντες προς ρύθμιση, αλλά η επιλογή να επικεντρωθούμε στην πρώτη αναλογία (δύο κύρια ζητήματα) θα μας επέτρεπε να επικεντρωθούμε σε μια μειοψηφία αιτιών που προκαλούν τον μέγιστο αριθμό συνεπειών, που είναι ακριβώς ο στόχος της αρχής Παρέτο,

* δεύτερον, αν ο διευθυντής του εργοστασίου θέλει να διορθώσει όσο το δυνατόν περισσότερα προβλήματα, έχει κάθε λόγο να επικεντρωθεί στην τρίτη αναλογία, διορθώνοντας το 40% των αιτιών που προκαλούν το 80% των καθυστερήσεων στη γραμμή παραγωγής.

ΣΥΜΠΕΡΑΣΜΑ

Στο παράδειγμά μας, παρατηρήσαμε μια γραμμή παραγωγής που πλήττεται από σημαντικές και επαναλαμβανόμενες καθυστερήσεις. Το παράδειγμα αυτό, παρά το γεγονός ότι είναι φανταστικό, μπορεί εύκολα να προσαρμοστεί σε όλους τους τομείς μιας επιχείρησης (παραγωγή, μηχανήματα, εργαζόμενοι, πελάτες κ.λπ.). Εντοπίζοντας τα σημαντικότερα προβλήματα, μια εταιρεία μπορεί να βρει λύσεις για να ελαχιστοποιήσει τις προσπάθειές της και να μεγιστοποιήσει τα αποτελέσματά της.

Με τη βοήθεια της αρχής Pareto και του μοντέλου ABC, οι εταιρείες μπορούν να σκέφτονται διαφορετικά και να επικεντρώνονται στα πιο σημαντικά προβλήματα, διατηρώντας παράλληλα τον έλεγχο της κύριας δραστηριότητάς τους. Δεδομένου ότι υποθέτουμε ότι "ο χρόνος είναι χρήμα", μπορούμε εύκολα να φανταστούμε ότι κάθε επιχειρηματίας και κάθε άτομο που συμμετέχει σε μια εταιρεία μπορεί να βελτιστοποιήσει τις υπάρχουσες διαδικασίες για να παραμείνει ανταγωνιστικός. Το ίδιο ισχύει και για ορισμένα άτομα στα οποία εφαρμόζεται η αρχή Παρέτο.

ΠΕΡΙΛΗΨΗ

- Η αρχή Παρέτο είναι ένα καθολικό εργαλείο που δείχνει ότι το 20% των αιτιών οδηγεί στο 80% των αποτελεσμάτων. Εντοπίζοντας αυτές τις αιτίες, ένας οργανισμός μπορεί εύκολα να ελέγξει τα πιο σημαντικά αποτελέσματα.

- Υπάρχουν πολλές εφαρμογές αυτής της αρχής. Δεν αφορούν μόνο τις εταιρείες που στοχεύουν στην παραγωγικότητα ή στις σχέσεις με τους πελάτες, αλλά και πολλούς τομείς της καθημερινής ζωής, όπως η διαχείριση ενός νοικοκυριού.

- Μια συγκεκριμένη εφαρμογή της αρχής Παρέτο είναι η διαχείριση των πελατών μιας εταιρείας. Σε μια παραδοσιακή επιχείρηση, το 20% των πελατών παράγει συνήθως το 80% των πωλήσεων. Εντοπίζοντας αυτούς τους πελάτες, η εταιρεία μπορεί να επικεντρωθεί σε αυτούς για να βελτιώσει την κερδοφορία της.

- Το μοντέλο ABC σχετίζεται με την αρχή Pareto. Την ενισχύει λαμβάνοντας υπόψη τις ενδιάμεσες κατηγορίες, οι οποίες επίσης παράγουν αποτελέσματα. Αυτές οι ενδιάμεσες κατηγορίες είναι λιγότερο σημαντικές, αλλά εξακολουθούν να αξίζουν να ληφθούν υπόψη.

- Η θεωρία της μακράς ουράς είναι επίσης μια συμπληρωματική έννοια της αρχής Παρέτο, κυρίως όσον αφορά τις διαδικτυακές πωλήσεις. Η αναλογία 80/20 ελέγχεται και μια εταιρεία που μπορεί να μειώσει το κόστος της, ιδίως με το διαδίκτυο, έχει την πολυτέλεια να μην εστιάζει μόνο στο σημαντικότερο 20%, αλλά σε όλα τα εμπορεύματά της, ακόμη και στα προϊόντα που πωλούνται λιγότερο.

- Τέλος, ο νόμος του Παρέτο μπορεί εύκολα να εφαρμοστεί στην πράξη με πίνακες και γραφήματα. Αυτά παρέχουν μια ολοκληρωμένη εικόνα του προβλήματος και προσδιορίζουν τα αποτελέσματα. Η εταιρεία, ο οργανισμός ή απλώς το εν λόγω νοικοκυριό μπορεί στη συνέχεια να επικεντρωθεί στη λήψη μέτρων για τη βελτίωση της αποδοτικότητας και της κερδοφορίας.

ΠΕΡΑΙΤΕΡΩ ΑΝΑΓΝΩΣΗ

ΒΙΒΛΙΟΓΡΑΦΙΑ

Anderson, C. (2006) *The Long Tail: Why the Future of Business Is Selling Less of More*. Νέα Υόρκη: Hyperion.

BetterExplained. (2007) *Κατανόηση της αρχής Παρέτο (κανόνας 80/20)*. [Online]. [Πρόσβαση 22 Μαΐου 2014]. Διαθέσιμο από: < http://betterexplained.com/articles/understanding-the-pareto-principle-the-8020-rule/>

Cotter, J. J. (1995) *Η λύση του 20%*. Hoboken: John Wiley & Sons.

Coyne, S. (2012) Η αρχή Pareto συναντά τη μακρά ουρά. *Steven Pressfield Online*. [Online]. [Πρόσβαση 22 Μαΐου 2014]. Διαθέσιμο από: < http://www.stevenpressfield.com/2012/11/the-pareto-principle-meets-the-long-tail/>

Dufour, L. (χωρίς ημερομηνία) Efficacité du dirigeant : qu'est-ce que la loi de Pareto? *Le Blog du Dirigeant*. [Online]. [Πρόσβαση 22 Μαΐου 2014]. Διαθέσιμο από: < http://leblogdudirigeant.com/efficacite-du-dirigeant-quest-ce-que-la-loi-de-pareto/>

Juran, J. M. (1951) *Quality Control Handbook*. New-York: McGraw-Hill.

Koch, R. (1998) *Η αρχή 80/20*. Λονδίνο: Nicholas Brealey Publishing.

Le Site des Profs de Vente et de Commerce. (Χωρίς ημερομηνία) *Les techniques et stratégies de prospection*. [Online]. [Πρόσβαση 22 Μαΐου 2014]. Διαθέσιμο από: < http://www.lescoursdevente.fr/bacvente/Prospection/Des%20

outils%20de%20segmentation%20des%20clients-prospects,%20Pareto,%20ABC,%20RFM.pdf>

Montanaro, L. (2012) Η δύναμη της αρχής Παρέτο (ή αλλιώς ο κανόνας 80/20). *Lisa Montanaro.* [Online]. [Πρόσβαση 22 Μαΐου 2014]. Διαθέσιμο από: < http://www.lisamontanaro. com/2012/03/16/the-power-of-the-pareto-principle-aka-the-8020-rule/>

Reh, J. F. (2016) Αρχή Pareto – Ο κανόνας 80-20. *the balance.* [Online]. [Πρόσβαση 22 Μαΐου 2014]. Διαθέσιμο από: < https://www.thebalance.com/pareto-s-principle-the-80-20-rule-2275148>

Villemin, G. (χωρίς ημερομηνία) Loi de Pareto", στο Nombres – Curiosités, théories et usages. [Online]. [Πρόσβαση 22 Μαΐου 2014]. Διαθέσιμο από: < http://villemin.gerard. free.fr/aSocial/Pareto.htm>

ΠΡΟΣΘΕΤΕΣ ΠΗΓΕΣ

Hale, A. (χωρίς ημερομηνία) Το πρόβλημα με την αρχή Pareto. *Personal Development Training.* [Online]. [Πρόσβαση 22 Μαΐου 2014]. Διαθέσιμο από: < http://sidsavara.com/ personal-productivity/the-problem-with-the-pareto-principle>

Marshall, P. (2013) *80/20 Πωλήσεις και μάρκετινγκ.* Irvine: Entrepreneur Press.

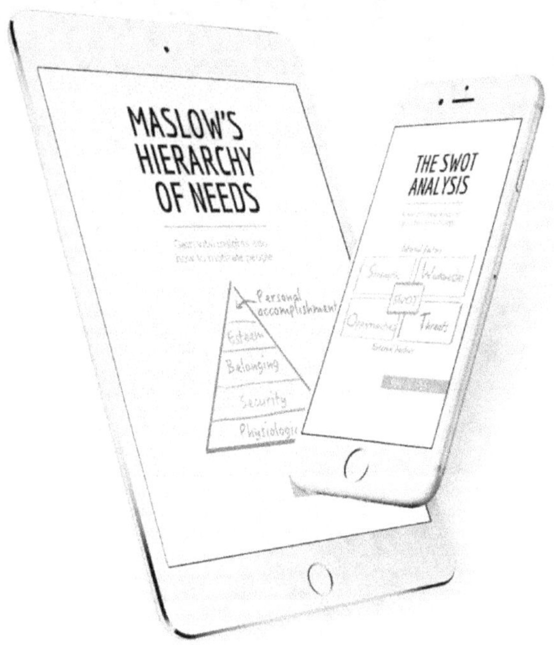
MASLOW'S
HIERARCHY
OF NEEDS
Personal accomplishment
Esteem
Belonging
Security
Physiologic
THE SWOT
ANALYSIS
Strengths
Weaknesses
SWOT
Opportunities
Threats

Ο εκδότης διασφαλίζει την αξιοπιστία των πληροφοριών που δημοσιεύονται, η οποία όμως δεν μπορεί να αποτελέσει ευθύνη του.

Κύριο ISBN: 9782808600323
ISBN: 9782808601771
Νόμιμη κατάθεση: D/2022/12603/178

Ψηφιακός σχεδιασμός: Primento,
ο ψηφιακός συνεργάτης των εκδοτών.